全国人民代表大会常务委员会公报版

中华人民共和国专利法

(最新修正本)

中国民主法制出版社

图书在版编目（CIP）数据

中华人民共和国专利法：最新修正本/全国人大常委会办公厅供稿.—北京：中国民主法制出版社，2020.11
 ISBN 978-7-5162-2301-7

Ⅰ.①中… Ⅱ.①全… Ⅲ.①专利权法—中国 Ⅳ.①D923.42

中国版本图书馆 CIP 数据核字（2020）第 212891 号

书名/中华人民共和国专利法

出版·发行/中国民主法制出版社
地址/北京市丰台区右安门外玉林里 7 号（100069）
电话/（010）63055259（总编室） 63058068 63057714（营销中心）
传真/（010）63055259
http://www.npcpub.com
E-mail：mzfz@npcpub.com
经销/新华书店
开本/32 开 850 毫米×1168 毫米
印张/1.875 字数/30 千字
版本/2020 年 11 月第 1 版 2020 年 11 月第 1 次印刷
印刷/北京天宇万达印刷有限公司

书号/ISBN 978-7-5162-2301-7
定价/8.00 元
出版声明/版权所有，侵权必究。

（如有缺页或倒装，本社负责退换）

目　录

中华人民共和国主席令（第五十五号）………… （1）

全国人民代表大会常务委员会关于修改
　《中华人民共和国专利法》的决定 ………… （3）

中华人民共和国专利法 ……………………… （12）

关于《中华人民共和国专利法修正案
　（草案）》的说明 ……………………………… （37）

全国人民代表大会宪法和法律委员会关于
　《中华人民共和国专利法修正案（草案）》
　修改情况的汇报 ……………………………… （43）

全国人民代表大会宪法和法律委员会关于
　《中华人民共和国专利法修正案（草案）》
　审议结果的报告 ……………………………… （48）

全国人民代表大会宪法和法律委员会关于
　《全国人民代表大会常务委员会关于修改
　〈中华人民共和国专利法〉的决定（草案）》
　修改意见的报告 ……………………………… （53）

中华人民共和国主席令

第五十五号

《全国人民代表大会常务委员会关于修改〈中华人民共和国专利法〉的决定》已由中华人民共和国第十三届全国人民代表大会常务委员会第二十二次会议于 2020 年 10 月 17 日通过，现予公布，自 2021 年 6 月 1 日起施行。

中华人民共和国主席　习近平
2020 年 10 月 17 日

全国人民代表大会常务委员会关于修改《中华人民共和国专利法》的决定

(2020年10月17日第十三届全国人民代表大会常务委员会第二十二次会议通过)

第十三届全国人民代表大会常务委员会第二十二次会议决定对《中华人民共和国专利法》作如下修改：

一、将第二条第四款修改为："外观设计，是指对产品的整体或者局部的形状、图案或者其结合以及色彩与形状、图案的结合所作出的富有美感并适于工业应用的新设计。"

二、将第六条第一款修改为："执行本单位的任务或者主要是利用本单位的物质技术条件所完成的发明创造为职务发明创造。职务发明创造申请专利的权利属于该单位，申请被批准后，该单位为专利权人。该单位可以依法处置其职务发明创造申请专利的权利和专利权，促进相关发明创造的实施和运用。"

三、将第十四条改为第四十九条。

四、将第十六条改为第十五条，增加一款，作为第二款："国家鼓励被授予专利权的单位实行产权激励，采取股权、期权、分红等方式，使发明人或者设计人合理分享创新收益。"

五、增加一条，作为第二十条："申请专利和行使专利权应当遵循诚实信用原则。不得滥用专利权损害公共利益或者他人合法权益。

"滥用专利权，排除或者限制竞争，构成垄断行为的，依照《中华人民共和国反垄断法》处理。"

六、删除第二十一条第一款中的"及其专利复审委员会"。

将第二款修改为："国务院专利行政部门应当加强专利信息公共服务体系建设，完整、准确、及时发布专利信息，提供专利基础数据，定期出版专利公报，促进专利信息传播与利用。"

七、在第二十四条中增加一项，作为第一项："（一）在国家出现紧急状态或者非常情况时，为公共利益目的首次公开的"。

八、将第二十五条第一款第五项修改为："（五）原子核变换方法以及用原子核变换方法获得的物质"。

九、将第二十九条第二款修改为:"申请人自发明或者实用新型在中国第一次提出专利申请之日起十二个月内,或者自外观设计在中国第一次提出专利申请之日起六个月内,又向国务院专利行政部门就相同主题提出专利申请的,可以享有优先权。"

十、将第三十条修改为:"申请人要求发明、实用新型专利优先权的,应当在申请的时候提出书面声明,并且在第一次提出申请之日起十六个月内,提交第一次提出的专利申请文件的副本。

"申请人要求外观设计专利优先权的,应当在申请的时候提出书面声明,并且在三个月内提交第一次提出的专利申请文件的副本。

"申请人未提出书面声明或者逾期未提交专利申请文件副本的,视为未要求优先权。"

十一、将第四十一条修改为:"专利申请人对国务院专利行政部门驳回申请的决定不服的,可以自收到通知之日起三个月内向国务院专利行政部门请求复审。国务院专利行政部门复审后,作出决定,并通知专利申请人。

"专利申请人对国务院专利行政部门的复审决定不服的,可以自收到通知之日起三个月内向人民法院起诉。"

十二、将第四十二条修改为:"发明专利权的期限为二十年,实用新型专利权的期限为十年,外观设计专利权的期限为十五年，均自申请日起计算。

"自发明专利申请日起满四年，且自实质审查请求之日起满三年后授予发明专利权的，国务院专利行政部门应专利权人的请求，就发明专利在授权过程中的不合理延迟给予专利权期限补偿，但由申请人引起的不合理延迟除外。

"为补偿新药上市审评审批占用的时间，对在中国获得上市许可的新药相关发明专利，国务院专利行政部门应专利权人的请求给予专利权期限补偿。补偿期限不超过五年，新药批准上市后总有效专利权期限不超过十四年。"

十三、将第四十五条、第四十六条中的"专利复审委员会"修改为"国务院专利行政部门"。

十四、将第六章的章名修改为"专利实施的特别许可"。

十五、增加一条，作为第四十八条："国务院专利行政部门、地方人民政府管理专利工作的部门应当会同同级相关部门采取措施，加强专利公共服务，促进专利实施和运用。"

十六、增加一条，作为第五十条："专利权人自愿以书面方式向国务院专利行政部门声明愿意许可任何单位或者个人实施其专利，并明确许可使用费支付方式、标准的，由国务院专利行政部门予以公告，实行开放许可。就实用新型、外观设计专利提出开放许可声明的，应当提供专利权评价报告。

"专利权人撤回开放许可声明的,应当以书面方式提出,并由国务院专利行政部门予以公告。开放许可声明被公告撤回的,不影响在先给予的开放许可的效力。"

十七、增加一条,作为第五十一条:"任何单位或者个人有意愿实施开放许可的专利的,以书面方式通知专利权人,并依照公告的许可使用费支付方式、标准支付许可使用费后,即获得专利实施许可。

"开放许可实施期间,对专利权人缴纳专利年费相应给予减免。

"实行开放许可的专利权人可以与被许可人就许可使用费进行协商后给予普通许可,但不得就该专利给予独占或者排他许可。"

十八、增加一条,作为第五十二条:"当事人就实施开放许可发生纠纷的,由当事人协商解决;不愿协商或者协商不成的,可以请求国务院专利行政部门进行调解,也可以向人民法院起诉。"

十九、将第六十一条改为第六十六条,将第二款修改为:"专利侵权纠纷涉及实用新型专利或者外观设计专利的,人民法院或者管理专利工作的部门可以要求专利权人或者利害关系人出具由国务院专利行政部门对相关实用新型或者外观设计进行检索、分析和评价后作出的专利权评价报告,作为审理、处理专利侵权纠纷的证据；专利权人、利害关系人或者被控侵权人也可以主动出具专利权评价报告。"

二十、将第六十三条改为第六十八条，修改为："假冒专利的，除依法承担民事责任外，由负责专利执法的部门责令改正并予公告，没收违法所得，可以处违法所得五倍以下的罚款；没有违法所得或者违法所得在五万元以下的，可以处二十五万元以下的罚款；构成犯罪的，依法追究刑事责任。"

二十一、将第六十四条改为第六十九条，修改为："负责专利执法的部门根据已经取得的证据，对涉嫌假冒专利行为进行查处时，有权采取下列措施：

"（一）询问有关当事人，调查与涉嫌违法行为有关的情况；

"（二）对当事人涉嫌违法行为的场所实施现场检查；

"（三）查阅、复制与涉嫌违法行为有关的合同、发票、账簿以及其他有关资料；

"（四）检查与涉嫌违法行为有关的产品；

"（五）对有证据证明是假冒专利的产品，可以查封或者扣押。

"管理专利工作的部门应专利权人或者利害关系人的请求处理专利侵权纠纷时，可以采取前款第（一）项、第（二）项、第（四）项所列措施。

"负责专利执法的部门、管理专利工作的部门依法行使前两款规定的职权时,当事人应当予以协助、配合,不得拒绝、阻挠。"

二十二、增加一条,作为第七十条:"国务院专利行政部门可以应专利权人或者利害关系人的请求处理在全国有重大影响的专利侵权纠纷。

"地方人民政府管理专利工作的部门应专利权人或者利害关系人请求处理专利侵权纠纷,对在本行政区域内侵犯其同一专利权的案件可以合并处理;对跨区域侵犯其同一专利权的案件可以请求上级地方人民政府管理专利工作的部门处理。"

二十三、将第六十五条改为第七十一条,修改为:"侵犯专利权的赔偿数额按照权利人因被侵权所受到的实际损失或者侵权人因侵权所获得的利益确定;权利人的损失或者侵权人获得的利益难以确定的,参照该专利许可使用费的倍数合理确定。对故意侵犯专利权,情节严重的,可以在按照上述方法确定数额的一倍以上五倍以下确定赔偿数额。

"权利人的损失、侵权人获得的利益和专利许可使用费均难以确定的,人民法院可以根据专利权的类型、侵权行为的性质和情节等因素,确定给予三万元以上五百万元以下的赔偿。

"赔偿数额还应当包括权利人为制止侵权行为所支付的合理开支。

"人民法院为确定赔偿数额,在权利人已经尽力举证，而与侵权行为相关的账簿、资料主要由侵权人掌握的情况下，可以责令侵权人提供与侵权行为相关的账簿、资料；侵权人不提供或者提供虚假的账簿、资料的，人民法院可以参考权利人的主张和提供的证据判定赔偿数额。"

二十四、将第六十六条改为第七十二条，修改为："专利权人或者利害关系人有证据证明他人正在实施或者即将实施侵犯专利权、妨碍其实现权利的行为，如不及时制止将会使其合法权益受到难以弥补的损害的，可以在起诉前依法向人民法院申请采取财产保全、责令作出一定行为或者禁止作出一定行为的措施。"

二十五、将第六十七条改为第七十三条，修改为："为了制止专利侵权行为，在证据可能灭失或者以后难以取得的情况下，专利权人或者利害关系人可以在起诉前依法向人民法院申请保全证据。"

二十六、将第六十八条改为第七十四条，修改为："侵犯专利权的诉讼时效为三年，自专利权人或者利害关系人知道或者应当知道侵权行为以及侵权人之日起计算。

"发明专利申请公布后至专利权授予前使用该发明未支付适当使用费的，专利权人要求支付使用费的诉讼时效为三年，自专利权人知道或者应当知道他人使用其发明之日起计算，但是，专利权人于专利权授予之日前即已知道或者应当知道的，自专利权授予之日起计算。"

二十七、增加一条，作为第七十六条："药品上市审评审批过程中，药品上市许可申请人与有关专利权人或者利害关系人，因申请注册的药品相关的专利权产生纠纷的，相关当事人可以向人民法院起诉，请求就申请注册的药品相关技术方案是否落入他人药品专利权保护范围作出判决。国务院药品监督管理部门在规定的期限内，可以根据人民法院生效裁判作出是否暂停批准相关药品上市的决定。

"药品上市许可申请人与有关专利权人或者利害关系人也可以就申请注册的药品相关的专利权纠纷，向国务院专利行政部门请求行政裁决。

"国务院药品监督管理部门会同国务院专利行政部门制定药品上市许可审批与药品上市许可申请阶段专利权纠纷解决的具体衔接办法，报国务院同意后实施。"

二十八、删除第七十二条。

二十九、将第七十三条改为第七十九条，第七十四条改为第八十条，将其中的"行政处分"修改为"处分"。

本决定自 2021 年 6 月 1 日起施行。

《中华人民共和国专利法》根据本决定作相应修改并对条文顺序作相应调整，重新公布。

中华人民共和国专利法

（1984年3月12日第六届全国人民代表大会常务委员会第四次会议通过 根据1992年9月4日第七届全国人民代表大会常务委员会第二十七次会议《关于修改〈中华人民共和国专利法〉的决定》第一次修正 根据2000年8月25日第九届全国人民代表大会常务委员会第十七次会议《关于修改〈中华人民共和国专利法〉的决定》第二次修正 根据2008年12月27日第十一届全国人民代表大会常务委员会第六次会议《关于修改〈中华人民共和国专利法〉的决定》第三次修正 根据2020年10月17日第十三届全国人民代表大会常务委员会第二十二次会议《关于修改〈中华人民共和国专利法〉的决定》第四次修正）

目　录

第一章　总　　则
第二章　授予专利权的条件
第三章　专利的申请
第四章　专利申请的审查和批准
第五章　专利权的期限、终止和无效
第六章　专利实施的特别许可
第七章　专利权的保护
第八章　附　　则

第一章　总　　则

第一条　为了保护专利权人的合法权益，鼓励发明创造，推动发明创造的应用，提高创新能力，促进科学技术进步和经济社会发展，制定本法。

第二条　本法所称的发明创造是指发明、实用新型和外观设计。

发明，是指对产品、方法或者其改进所提出的新的技术方案。

实用新型，是指对产品的形状、构造或者其结合所提出的适于实用的新的技术方案。

外观设计，是指对产品的整体或者局部的形状、图案或者其结合以及色彩与形状、图案的结合所作出的富有美感并适于工业应用的新设计。

第三条 国务院专利行政部门负责管理全国的专利工作；统一受理和审查专利申请，依法授予专利权。

省、自治区、直辖市人民政府管理专利工作的部门负责本行政区域内的专利管理工作。

第四条 申请专利的发明创造涉及国家安全或者重大利益需要保密的，按照国家有关规定办理。

第五条 对违反法律、社会公德或者妨害公共利益的发明创造，不授予专利权。

对违反法律、行政法规的规定获取或者利用遗传资源，并依赖该遗传资源完成的发明创造，不授予专利权。

第六条 执行本单位的任务或者主要是利用本单位的物质技术条件所完成的发明创造为职务发明创造。职务发明创造申请专利的权利属于该单位，申请被批准后，该单位为专利权人。该单位可以依法处置其职务发明创造申请专利的权利和专利权，促进相关发明创造的实施和运用。

非职务发明创造，申请专利的权利属于发明人或者设计人；申请被批准后，该发明人或者设计人为专利权人。

利用本单位的物质技术条件所完成的发明创造，单位与发明人或者设计人订有合同，对申请专利的权利和专利权的归属作出约定的，从其约定。

第七条 对发明人或者设计人的非职务发明创造专利申请,任何单位或者个人不得压制。

第八条 两个以上单位或者个人合作完成的发明创造、一个单位或者个人接受其他单位或者个人委托所完成的发明创造,除另有协议的以外,申请专利的权利属于完成或者共同完成的单位或者个人;申请被批准后,申请的单位或者个人为专利权人。

第九条 同样的发明创造只能授予一项专利权。但是,同一申请人同日对同样的发明创造既申请实用新型专利又申请发明专利,先获得的实用新型专利权尚未终止,且申请人声明放弃该实用新型专利权的,可以授予发明专利权。

两个以上的申请人分别就同样的发明创造申请专利的,专利权授予最先申请的人。

第十条 专利申请权和专利权可以转让。

中国单位或者个人向外国人、外国企业或者外国其他组织转让专利申请权或者专利权的,应当依照有关法律、行政法规的规定办理手续。

转让专利申请权或者专利权的,当事人应当订立书面合同,并向国务院专利行政部门登记,由国务院专利行政部门予以公告。专利申请权或者专利权的转让自登记之日起生效。

第十一条 发明和实用新型专利权被授予后,除本法另有规定的以外,任何单位或者个人未经专利权人许可,都不得实施其专利,即不得为生产经营目的制造、使用、许诺销售、销售、进口其专利产品,或者使用其专利方法以及使用、许诺销售、销售、进口依照该专利方法直接获得的产品。

外观设计专利权被授予后,任何单位或者个人未经专利权人许可,都不得实施其专利,即不得为生产经营目的制造、许诺销售、销售、进口其外观设计专利产品。

第十二条 任何单位或者个人实施他人专利的,应当与专利权人订立实施许可合同,向专利权人支付专利使用费。被许可人无权允许合同规定以外的任何单位或者个人实施该专利。

第十三条 发明专利申请公布后,申请人可以要求实施其发明的单位或者个人支付适当的费用。

第十四条 专利申请权或者专利权的共有人对权利的行使有约定的,从其约定。没有约定的,共有人可以单独实施或者以普通许可方式许可他人实施该专利;许可他人实施该专利的,收取的使用费应当在共有人之间分配。

除前款规定的情形外,行使共有的专利申请权或者专利权应当取得全体共有人的同意。

第十五条 被授予专利权的单位应当对职务发明创造的发明人或者设计人给予奖励;发明创造专利实施后,根据其推广应用的范围和取得的经济效益,对发明人或者设计人给予合理的报酬。

国家鼓励被授予专利权的单位实行产权激励，采取股权、期权、分红等方式，使发明人或者设计人合理分享创新收益。

第十六条 发明人或者设计人有权在专利文件中写明自己是发明人或者设计人。

专利权人有权在其专利产品或者该产品的包装上标明专利标识。

第十七条 在中国没有经常居所或者营业所的外国人、外国企业或者外国其他组织在中国申请专利的，依照其所属国同中国签订的协议或者共同参加的国际条约，或者依照互惠原则，根据本法办理。

第十八条 在中国没有经常居所或者营业所的外国人、外国企业或者外国其他组织在中国申请专利和办理其他专利事务的，应当委托依法设立的专利代理机构办理。

中国单位或者个人在国内申请专利和办理其他专利事务的，可以委托依法设立的专利代理机构办理。

专利代理机构应当遵守法律、行政法规，按照被代理人的委托办理专利申请或者其他专利事务；对被代理人发明创造的内容，除专利申请已经公布或者公告的以外，负有保密责任。专利代理机构的具体管理办法由国务院规定。

第十九条 任何单位或者个人将在中国完成的发明

或者实用新型向外国申请专利的,应当事先报经国务院专利行政部门进行保密审查。保密审查的程序、期限等按照国务院的规定执行。

中国单位或者个人可以根据中华人民共和国参加的有关国际条约提出专利国际申请。申请人提出专利国际申请的,应当遵守前款规定。

国务院专利行政部门依照中华人民共和国参加的有关国际条约、本法和国务院有关规定处理专利国际申请。

对违反本条第一款规定向外国申请专利的发明或者实用新型,在中国申请专利的,不授予专利权。

第二十条 申请专利和行使专利权应当遵循诚实信用原则。不得滥用专利权损害公共利益或者他人合法权益。

滥用专利权,排除或者限制竞争,构成垄断行为的,依照《中华人民共和国反垄断法》处理。

第二十一条 国务院专利行政部门应当按照客观、公正、准确、及时的要求,依法处理有关专利的申请和请求。

国务院专利行政部门应当加强专利信息公共服务体系建设,完整、准确、及时发布专利信息,提供专利基础数据,定期出版专利公报,促进专利信息传播与利用。

在专利申请公布或者公告前,国务院专利行政部门的工作人员及有关人员对其内容负有保密责任。

第二章　授予专利权的条件

第二十二条　授予专利权的发明和实用新型,应当具备新颖性、创造性和实用性。

新颖性,是指该发明或者实用新型不属于现有技术;也没有任何单位或者个人就同样的发明或者实用新型在申请日以前向国务院专利行政部门提出过申请,并记载在申请日以后公布的专利申请文件或者公告的专利文件中。

创造性,是指与现有技术相比,该发明具有突出的实质性特点和显著的进步,该实用新型具有实质性特点和进步。

实用性,是指该发明或者实用新型能够制造或者使用,并且能够产生积极效果。

本法所称现有技术,是指申请日以前在国内外为公众所知的技术。

第二十三条　授予专利权的外观设计,应当不属于现有设计;也没有任何单位或者个人就同样的外观设计在申请日以前向国务院专利行政部门提出过申请,并记载在申请日以后公告的专利文件中。

授予专利权的外观设计与现有设计或者现有设计特征的组合相比,应当具有明显区别。

授予专利权的外观设计不得与他人在申请日以前已

经取得的合法权利相冲突。

本法所称现有设计，是指申请日以前在国内外为公众所知的设计。

第二十四条 申请专利的发明创造在申请日以前六个月内，有下列情形之一的，不丧失新颖性：

（一）在国家出现紧急状态或者非常情况时，为公共利益目的首次公开的；

（二）在中国政府主办或者承认的国际展览会上首次展出的；

（三）在规定的学术会议或者技术会议上首次发表的；

（四）他人未经申请人同意而泄露其内容的。

第二十五条 对下列各项，不授予专利权：

（一）科学发现；

（二）智力活动的规则和方法；

（三）疾病的诊断和治疗方法；

（四）动物和植物品种；

（五）原子核变换方法以及用原子核变换方法获得的物质；

（六）对平面印刷品的图案、色彩或者二者的结合作出的主要起标识作用的设计。

对前款第（四）项所列产品的生产方法，可以依照本法规定授予专利权。

第三章　专利的申请

第二十六条　申请发明或者实用新型专利的，应当提交请求书、说明书及其摘要和权利要求书等文件。

请求书应当写明发明或者实用新型的名称，发明人的姓名，申请人姓名或者名称、地址，以及其他事项。

说明书应当对发明或者实用新型作出清楚、完整的说明，以所属技术领域的技术人员能够实现为准；必要的时候，应当有附图。摘要应当简要说明发明或者实用新型的技术要点。

权利要求书应当以说明书为依据，清楚、简要地限定要求专利保护的范围。

依赖遗传资源完成的发明创造，申请人应当在专利申请文件中说明该遗传资源的直接来源和原始来源；申请人无法说明原始来源的，应当陈述理由。

第二十七条　申请外观设计专利的，应当提交请求书、该外观设计的图片或者照片以及对该外观设计的简要说明等文件。

申请人提交的有关图片或者照片应当清楚地显示要求专利保护的产品的外观设计。

第二十八条　国务院专利行政部门收到专利申请文件之日为申请日。如果申请文件是邮寄的，以寄出的邮戳日为申请日。

第二十九条 申请人自发明或者实用新型在外国第一次提出专利申请之日起十二个月内，或者自外观设计在外国第一次提出专利申请之日起六个月内，又在中国就相同主题提出专利申请的，依照该外国同中国签订的协议或者共同参加的国际条约，或者依照相互承认优先权的原则，可以享有优先权。

申请人自发明或者实用新型在中国第一次提出专利申请之日起十二个月内，或者自外观设计在中国第一次提出专利申请之日起六个月内，又向国务院专利行政部门就相同主题提出专利申请的，可以享有优先权。

第三十条 申请人要求发明、实用新型专利优先权的，应当在申请的时候提出书面声明，并且在第一次提出申请之日起十六个月内，提交第一次提出的专利申请文件的副本。

申请人要求外观设计专利优先权的，应当在申请的时候提出书面声明，并且在三个月内提交第一次提出的专利申请文件的副本。

申请人未提出书面声明或者逾期未提交专利申请文件副本的，视为未要求优先权。

第三十一条 一件发明或者实用新型专利申请应当限于一项发明或者实用新型。属于一个总的发明构思的两项以上的发明或者实用新型，可以作为一件申请提出。

一件外观设计专利申请应当限于一项外观设计。同一产品两项以上的相似外观设计，或者用于同一类别并且成套出售或者使用的产品的两项以上外观设计，可以作为一件申请提出。

第三十二条　申请人可以在被授予专利权之前随时撤回其专利申请。

第三十三条　申请人可以对其专利申请文件进行修改，但是，对发明和实用新型专利申请文件的修改不得超出原说明书和权利要求书记载的范围，对外观设计专利申请文件的修改不得超出原图片或者照片表示的范围。

第四章　专利申请的审查和批准

第三十四条　国务院专利行政部门收到发明专利申请后，经初步审查认为符合本法要求的，自申请日起满十八个月，即行公布。国务院专利行政部门可以根据申请人的请求早日公布其申请。

第三十五条　发明专利申请自申请日起三年内，国务院专利行政部门可以根据申请人随时提出的请求，对其申请进行实质审查；申请人无正当理由逾期不请求实质审查的，该申请即被视为撤回。

国务院专利行政部门认为必要的时候，可以自行对发明专利申请进行实质审查。

第三十六条　发明专利的申请人请求实质审查的时

候，应当提交在申请日前与其发明有关的参考资料。

发明专利已经在外国提出过申请的，国务院专利行政部门可以要求申请人在指定期限内提交该国为审查其申请进行检索的资料或者审查结果的资料；无正当理由逾期不提交的，该申请即被视为撤回。

第三十七条 国务院专利行政部门对发明专利申请进行实质审查后，认为不符合本法规定的，应当通知申请人，要求其在指定的期限内陈述意见，或者对其申请进行修改；无正当理由逾期不答复的，该申请即被视为撤回。

第三十八条 发明专利申请经申请人陈述意见或者进行修改后，国务院专利行政部门仍然认为不符合本法规定的，应当予以驳回。

第三十九条 发明专利申请经实质审查没有发现驳回理由的，由国务院专利行政部门作出授予发明专利权的决定，发给发明专利证书，同时予以登记和公告。发明专利权自公告之日起生效。

第四十条 实用新型和外观设计专利申请经初步审查没有发现驳回理由的，由国务院专利行政部门作出授予实用新型专利权或者外观设计专利权的决定，发给相应的专利证书，同时予以登记和公告。实用新型专利权和外观设计专利权自公告之日起生效。

第四十一条 专利申请人对国务院专利行政部门驳回申请的决定不服的，可以自收到通知之日起三个月内向国务院专利行政部门请求复审。国务院专利行政部门复审后,作出决定,并通知专利申请人。

专利申请人对国务院专利行政部门的复审决定不服的,可以自收到通知之日起三个月内向人民法院起诉。

第五章　专利权的期限、终止和无效

第四十二条　发明专利权的期限为二十年,实用新型专利权的期限为十年,外观设计专利权的期限为十五年,均自申请日起计算。

自发明专利申请日起满四年,且自实质审查请求之日起满三年后授予发明专利权的,国务院专利行政部门应专利权人的请求,就发明专利在授权过程中的不合理延迟给予专利权期限补偿,但由申请人引起的不合理延迟除外。

为补偿新药上市审评审批占用的时间,对在中国获得上市许可的新药相关发明专利,国务院专利行政部门应专利权人的请求给予专利权期限补偿。补偿期限不超过五年,新药批准上市后总有效专利权期限不超过十四年。

第四十三条　专利权人应当自被授予专利权的当年开始缴纳年费。

第四十四条　有下列情形之一的,专利权在期限届满前终止:

（一）没有按照规定缴纳年费的；

（二）专利权人以书面声明放弃其专利权的。

专利权在期限届满前终止的，由国务院专利行政部门登记和公告。

第四十五条 自国务院专利行政部门公告授予专利权之日起，任何单位或者个人认为该专利权的授予不符合本法有关规定的，可以请求国务院专利行政部门宣告该专利权无效。

第四十六条 国务院专利行政部门对宣告专利权无效的请求应当及时审查和作出决定，并通知请求人和专利权人。宣告专利权无效的决定，由国务院专利行政部门登记和公告。

对国务院专利行政部门宣告专利权无效或者维持专利权的决定不服的，可以自收到通知之日起三个月内向人民法院起诉。人民法院应当通知无效宣告请求程序的对方当事人作为第三人参加诉讼。

第四十七条 宣告无效的专利权视为自始即不存在。

宣告专利权无效的决定，对在宣告专利权无效前人民法院作出并已执行的专利侵权的判决、调解书，已经履行或者强制执行的专利侵权纠纷处理决定，以及已经履行的专利实施许可合同和专利权转让合同，不具有追溯力。但是因专利权人的恶意给他人造成的损失，应当给予赔偿。

依照前款规定不返还专利侵权赔偿金、专利使用费、专利权转让费，明显违反公平原则的，应当全部或者部分返还。

第六章　专利实施的特别许可

第四十八条　国务院专利行政部门、地方人民政府管理专利工作的部门应当会同同级相关部门采取措施，加强专利公共服务，促进专利实施和运用。

第四十九条　国有企业事业单位的发明专利，对国家利益或者公共利益具有重大意义的，国务院有关主管部门和省、自治区、直辖市人民政府报经国务院批准，可以决定在批准的范围内推广应用，允许指定的单位实施，由实施单位按照国家规定向专利权人支付使用费。

第五十条　专利权人自愿以书面方式向国务院专利行政部门声明愿意许可任何单位或者个人实施其专利，并明确许可使用费支付方式、标准的，由国务院专利行政部门予以公告，实行开放许可。就实用新型、外观设计专利提出开放许可声明的，应当提供专利权评价报告。

专利权人撤回开放许可声明的，应当以书面方式提出，并由国务院专利行政部门予以公告。开放许可声明被公告撤回的，不影响在先给予的开放许可的效力。

第五十一条　任何单位或者个人有意愿实施开放许

可的专利的，以书面方式通知专利权人，并依照公告的许可使用费支付方式、标准支付许可使用费后，即获得专利实施许可。

开放许可实施期间，对专利权人缴纳专利年费相应给予减免。

实行开放许可的专利权人可以与被许可人就许可使用费进行协商后给予普通许可，但不得就该专利给予独占或者排他许可。

第五十二条　当事人就实施开放许可发生纠纷的，由当事人协商解决；不愿协商或者协商不成的，可以请求国务院专利行政部门进行调解，也可以向人民法院起诉。

第五十三条　有下列情形之一的，国务院专利行政部门根据具备实施条件的单位或者个人的申请，可以给予实施发明专利或者实用新型专利的强制许可：

（一）专利权人自专利权被授予之日起满三年，且自提出专利申请之日起满四年，无正当理由未实施或者未充分实施其专利的；

（二）专利权人行使专利权的行为被依法认定为垄断行为，为消除或者减少该行为对竞争产生的不利影响的。

第五十四条　在国家出现紧急状态或者非常情况时，或者为了公共利益的目的，国务院专利行政部门可以给予实施发明专利或者实用新型专利的强制许可。

第五十五条 为了公共健康目的，对取得专利权的药品，国务院专利行政部门可以给予制造并将其出口到符合中华人民共和国参加的有关国际条约规定的国家或者地区的强制许可。

第五十六条 一项取得专利权的发明或者实用新型比前已经取得专利权的发明或者实用新型具有显著经济意义的重大技术进步，其实施又有赖于前一发明或者实用新型的实施的，国务院专利行政部门根据后一专利权人的申请，可以给予实施前一发明或者实用新型的强制许可。

在依照前款规定给予实施强制许可的情形下，国务院专利行政部门根据前一专利权人的申请，也可以给予实施后一发明或者实用新型的强制许可。

第五十七条 强制许可涉及的发明创造为半导体技术的，其实施限于公共利益的目的和本法第五十三条第（二）项规定的情形。

第五十八条 除依照本法第五十三条第（二）项、第五十五条规定给予的强制许可外，强制许可的实施应当主要为了供应国内市场。

第五十九条 依照本法第五十三条第（一）项、第五十六条规定申请强制许可的单位或者个人应当提供证据，证明其以合理的条件请求专利权人许可其实施专利，但未能在合理的时间内获得许可。

第六十条 国务院专利行政部门作出的给予实施强

制许可的决定,应当及时通知专利权人,并予以登记和公告。

给予实施强制许可的决定,应当根据强制许可的理由规定实施的范围和时间。强制许可的理由消除并不再发生时,国务院专利行政部门应当根据专利权人的请求,经审查后作出终止实施强制许可的决定。

第六十一条 取得实施强制许可的单位或者个人不享有独占的实施权,并且无权允许他人实施。

第六十二条 取得实施强制许可的单位或者个人应当付给专利权人合理的使用费,或者依照中华人民共和国参加的有关国际条约的规定处理使用费问题。付给使用费的,其数额由双方协商;双方不能达成协议的,由国务院专利行政部门裁决。

第六十三条 专利权人对国务院专利行政部门关于实施强制许可的决定不服的,专利权人和取得实施强制许可的单位或者个人对国务院专利行政部门关于实施强制许可的使用费的裁决不服的,可以自收到通知之日起三个月内向人民法院起诉。

第七章 专利权的保护

第六十四条 发明或者实用新型专利权的保护范围以其权利要求的内容为准,说明书及附图可以用于解释权利要求的内容。

外观设计专利权的保护范围以表示在图片或者照片中的该产品的外观设计为准，简要说明可以用于解释图片或者照片所表示的该产品的外观设计。

第六十五条 未经专利权人许可，实施其专利，即侵犯其专利权，引起纠纷的，由当事人协商解决；不愿协商或者协商不成的，专利权人或者利害关系人可以向人民法院起诉，也可以请求管理专利工作的部门处理。管理专利工作的部门处理时，认定侵权行为成立的，可以责令侵权人立即停止侵权行为，当事人不服的，可以自收到处理通知之日起十五日内依照《中华人民共和国行政诉讼法》向人民法院起诉；侵权人期满不起诉又不停止侵权行为的，管理专利工作的部门可以申请人民法院强制执行。进行处理的管理专利工作的部门应当事人的请求，可以就侵犯专利权的赔偿数额进行调解；调解不成的，当事人可以依照《中华人民共和国民事诉讼法》向人民法院起诉。

第六十六条 专利侵权纠纷涉及新产品制造方法的发明专利的，制造同样产品的单位或者个人应当提供其产品制造方法不同于专利方法的证明。

专利侵权纠纷涉及实用新型专利或者外观设计专利的，人民法院或者管理专利工作的部门可以要求专利权人或者利害关系人出具由国务院专利行政部门对相关实用新型或者外观设计进行检索、分析和评价后作出的专利权评价报告，作为审理、处理专利侵权纠纷的证据；

专利权人、利害关系人或者被控侵权人也可以主动出具专利权评价报告。

第六十七条 在专利侵权纠纷中，被控侵权人有证据证明其实施的技术或者设计属于现有技术或者现有设计的，不构成侵犯专利权。

第六十八条 假冒专利的，除依法承担民事责任外，由负责专利执法的部门责令改正并予公告，没收违法所得，可以处违法所得五倍以下的罚款；没有违法所得或者违法所得在五万元以下的，可以处二十五万元以下的罚款；构成犯罪的，依法追究刑事责任。

第六十九条 负责专利执法的部门根据已经取得的证据，对涉嫌假冒专利行为进行查处时，有权采取下列措施：

（一）询问有关当事人，调查与涉嫌违法行为有关的情况；

（二）对当事人涉嫌违法行为的场所实施现场检查；

（三）查阅、复制与涉嫌违法行为有关的合同、发票、账簿以及其他有关资料；

（四）检查与涉嫌违法行为有关的产品；

（五）对有证据证明是假冒专利的产品，可以查封或者扣押。

管理专利工作的部门应专利权人或者利害关系人的请求处理专利侵权纠纷时，可以采取前款第（一）项、第（二）项、第（四）项所列措施。

负责专利执法的部门、管理专利工作的部门依法行使前两款规定的职权时，当事人应当予以协助、配合，不得拒绝、阻挠。

第七十条 国务院专利行政部门可以应专利权人或者利害关系人的请求处理在全国有重大影响的专利侵权纠纷。

地方人民政府管理专利工作的部门应专利权人或者利害关系人请求处理专利侵权纠纷，对在本行政区域内侵犯其同一专利权的案件可以合并处理；对跨区域侵犯其同一专利权的案件可以请求上级地方人民政府管理专利工作的部门处理。

第七十一条 侵犯专利权的赔偿数额按照权利人因被侵权所受到的实际损失或者侵权人因侵权所获得的利益确定；权利人的损失或者侵权人获得的利益难以确定的，参照该专利许可使用费的倍数合理确定。对故意侵犯专利权，情节严重的，可以在按照上述方法确定数额的一倍以上五倍以下确定赔偿数额。

权利人的损失、侵权人获得的利益和专利许可使用费均难以确定的，人民法院可以根据专利权的类型、侵权行为的性质和情节等因素，确定给予三万元以上五百万元以下的赔偿。

赔偿数额还应当包括权利人为制止侵权行为所支付的合理开支。

人民法院为确定赔偿数额，在权利人已经尽力举证，而与侵权行为相关的账簿、资料主要由侵权人掌握的情况下，可以责令侵权人提供与侵权行为相关的账簿、资料；侵权人不提供或者提供虚假的账簿、资料的，人民法院可以参考权利人的主张和提供的证据判定赔偿数额。

第七十二条 专利权人或者利害关系人有证据证明他人正在实施或者即将实施侵犯专利权、妨碍其实现权利的行为，如不及时制止将会使其合法权益受到难以弥补的损害的，可以在起诉前依法向人民法院申请采取财产保全、责令作出一定行为或者禁止作出一定行为的措施。

第七十三条 为了制止专利侵权行为，在证据可能灭失或者以后难以取得的情况下，专利权人或者利害关系人可以在起诉前依法向人民法院申请保全证据。

第七十四条 侵犯专利权的诉讼时效为三年，自专利权人或者利害关系人知道或者应当知道侵权行为以及侵权人之日起计算。

发明专利申请公布后至专利权授予前使用该发明未支付适当使用费的，专利权人要求支付使用费的诉讼时效为三年，自专利权人知道或者应当知道他人使用其发明之日起计算，但是，专利权人于专利权授予之日前即已知道或者应当知道的，自专利权授予之日起计算。

第七十五条 有下列情形之一的，不视为侵犯专利权：

（一）专利产品或者依照专利方法直接获得的产

品，由专利权人或者经其许可的单位、个人售出后，使用、许诺销售、销售、进口该产品的；

（二）在专利申请日前已经制造相同产品、使用相同方法或者已经作好制造、使用的必要准备，并且仅在原有范围内继续制造、使用的；

（三）临时通过中国领陆、领水、领空的外国运输工具，依照其所属国同中国签订的协议或者共同参加的国际条约，或者依照互惠原则，为运输工具自身需要而在其装置和设备中使用有关专利的；

（四）专为科学研究和实验而使用有关专利的；

（五）为提供行政审批所需要的信息，制造、使用、进口专利药品或者专利医疗器械的，以及专门为其制造、进口专利药品或者专利医疗器械的。

第七十六条　药品上市审评审批过程中，药品上市许可申请人与有关专利权人或者利害关系人，因申请注册的药品相关的专利权产生纠纷的，相关当事人可以向人民法院起诉，请求就申请注册的药品相关技术方案是否落入他人药品专利权保护范围作出判决。国务院药品监督管理部门在规定的期限内，可以根据人民法院生效裁判作出是否暂停批准相关药品上市的决定。

药品上市许可申请人与有关专利权人或者利害关系人也可以就申请注册的药品相关的专利权纠纷，向国务院专利行政部门请求行政裁决。

国务院药品监督管理部门会同国务院专利行政部门

制定药品上市许可审批与药品上市许可申请阶段专利权纠纷解决的具体衔接办法，报国务院同意后实施。

第七十七条 为生产经营目的使用、许诺销售或者销售不知道是未经专利权人许可而制造并售出的专利侵权产品，能证明该产品合法来源的，不承担赔偿责任。

第七十八条 违反本法第十九条规定向外国申请专利，泄露国家秘密的，由所在单位或者上级主管机关给予行政处分；构成犯罪的，依法追究刑事责任。

第七十九条 管理专利工作的部门不得参与向社会推荐专利产品等经营活动。

管理专利工作的部门违反前款规定的，由其上级机关或者监察机关责令改正，消除影响，有违法收入的予以没收；情节严重的，对直接负责的主管人员和其他直接责任人员依法给予处分。

第八十条 从事专利管理工作的国家机关工作人员以及其他有关国家机关工作人员玩忽职守、滥用职权、徇私舞弊，构成犯罪的，依法追究刑事责任；尚不构成犯罪的，依法给予处分。

第八章 附 则

第八十一条 向国务院专利行政部门申请专利和办理其他手续，应当按照规定缴纳费用。

第八十二条 本法自1985年4月1日起施行。

关于《中华人民共和国专利法修正案(草案)》的说明

——2018年12月23日在第十三届全国人民代表大会常务委员会第七次会议上

国家知识产权局局长 申长雨

委员长、各位副委员长、秘书长、各位委员：

我受国务院委托，现对《中华人民共和国专利法修正案（草案）》作说明。

一、修改的必要性

党中央、国务院高度重视知识产权保护。习近平总书记指出，要加强知识产权保护，完善执法力量，加大执法力度，把违法成本显著提上去，把法律威慑作用充分发挥出来。李克强总理强调，保护知识产权就是保护创新，要加强知识产权保护和运用，依法严厉打击侵犯知识产权和制假售假行为。当前,我国经济正处在转变发展方式、优化经济结构、转换增长动力的攻关期,创新是引领发展的第一动力,加强知识产权保护、提高自主创新能力,已经成为加快转变经济发展方式、实施创新驱动发展战略的内在需要。我国现行专利法于1985年施行,曾分别于1992年、2000年、2008年进行过三次修正,对鼓励和保护发明创造、促进科技进步和创新发挥了重要作用。随着形势发展,专利领域出现了一些新情况、新问题:专利权保护效果与专利权人的期待有差距,专利维权存在举证难、成本高、赔偿低等问题,跨区域侵权、网络侵权现象增多,滥用专利权现象时有发生;专利技术转化率不高,专利许可供需信息不对称,转化服务不足;适应加入相关国际条约和给发明人、设计人取得专利权提供更多便利的需要,专利授权制度也有待进一步完善。为了进一步贯彻落实党中央、国务院部署要求,解决实践中存在的问题,有必要修改现行专利法。

2015年7月,国家知识产权局报请国务院审议《中华人民共和国专利法修订草案(送审稿)》。原国务院法制办收到此件后,深入调查研究,先后两次征求有关部门、地方政府和有关团体意见,并向社会公开征求意见,反复研究、修改完善。今年以来,司法部又会同国家知识产权局等部门根据新形势新要求,反复研究、协调、修改,形成了《中华人民共和国专利法修正案

(草案)》(以下简称草案)。草案已经国务院第33次常务会议讨论通过。

二、草案主要内容

草案在总体思路上主要把握了以下三点：一是加强对专利权人合法权益的保护。加大对专利侵权行为的惩治力度，在充分发挥司法保护主导作用的同时，完善行政执法，提升专利保护效果和效率。二是促进专利实施和运用。完善对发明人、设计人激励机制以及专利授权制度，加强专利公共服务，为专利权的取得和实施提供更多便利，激发创新积极性，促进发明创造。三是将实践证明成熟的做法上升为法律规范。

（一）加强对专利权人合法权益的保护。

一是加大对侵犯专利权的赔偿力度。规定：对故意侵犯专利权，情节严重的，可以在按照权利人受到的损失、侵权人获得的利益或者专利许可使用费倍数计算的数额一到五倍内确定赔偿数额；并将在难以计算赔偿数额的情况下法院可以酌情确定的赔偿额，从现行专利法规定的一万元到一百万元提高为十万元到五百万元。（第十八条第一款、第二款）

二是完善举证责任。增加规定：人民法院为确定赔偿数额，在权利人已经尽力举证，而与侵权行为相关的账簿、资料主要由侵权人掌握的情况下，可以责令侵权人提供与侵权行为相关的账簿、资料，侵权人不提供或者提供虚假的账簿、资料的，人民法院可以参考权利人

的主张和提供的证据判定赔偿数额。(第十八条第四款)

三是完善专利行政执法。增加规定：国务院专利行政部门可以应专利权人或者利害关系人的请求处理在全国有重大影响的专利侵权纠纷；管理专利工作的部门应专利权人或者利害关系人的请求处理专利侵权纠纷，对在本行政区域内侵犯其同一专利权的案件可以合并处理；对跨区域侵犯其同一专利权的案件可以请求上级人民政府管理专利工作的部门处理。(第十六条)

四是明确网络服务提供者对网络侵权的连带责任。增加规定：专利权人或者利害关系人可以依据人民法院生效的判决书、裁定书、调解书，或者管理专利工作的部门作出的责令停止侵权的决定，通知网络服务提供者采取删除、屏蔽、断开侵权产品链接等必要措施，网络服务提供者未及时采取必要措施的，要承担连带责任。(第十七条)

五是明确诚实信用和禁止权利滥用原则。增加规定：申请专利和行使专利权应当遵循诚实信用原则，不得滥用专利权损害公共利益和他人合法权益或者排除、限制竞争。(第二条)

(二) 促进专利实施和运用。

一是明确单位对职务发明创造的处置权。增加规定：单位对职务发明创造申请专利的权利和专利权可以依法处置，实行产权激励，采取股权、期权、分红等方

式,使发明人或者设计人合理分享创新收益,促进相关发明创造的实施和运用。(第一条)

二是加强专利转化服务。规定:国务院专利行政部门应当加强专利信息公共服务体系建设,提供专利信息基础数据,促进专利信息传播与利用;国务院专利行政部门、地方人民政府管理专利工作的部门应当会同同级相关部门采取措施,加强专利公共服务,促进专利实施和运用。(第三条、第九条)

三是新设专利开放许可制度。增加规定:专利权人以书面方式向国务院专利行政部门声明愿意许可任何人实施其专利,并明确许可使用费支付方式、标准的,由国务院专利行政部门予以公告,实行开放许可;任何人有意愿实施开放许可的专利的,以书面方式通知专利权人,并依照公告的方式、标准支付许可使用费后,即获得专利实施许可。(第十条、第十一条)

(三)完善专利授权制度。

一是新设外观设计专利申请国内优先权制度。规定:申请人自外观设计在国内第一次提出专利申请之日起六个月内,又就相同主题在国内提出专利申请的,可以享有优先权。(第五条)

二是优化要求优先权程序。放宽专利申请人提交第一次专利申请文件副本的时限。(第六条)

三是延长外观设计专利权保护期。适应我国加入关于外观设计保护的《海牙协定》需要,将外观设计专

利权的保护期由现行专利法规定的十年延长至十五年。（第七条）

草案和以上说明是否妥当，请审议。

全国人民代表大会宪法和法律委员会关于《中华人民共和国专利法修正案（草案）》修改情况的汇报

全国人民代表大会常务委员会：

　　常委会第七次会议对专利法修正案（草案）进行了初次审议。会后，法制工作委员会将草案印发各省、自治区、直辖市、基层立法联系点和中央有关部门以及部分高等院校、研究机构征求意见，在中国人大网全文公布草案征求社会公众意见。宪法和法律委员会、教育科学文化卫生委员会、法制工作委员会联合召开座谈会，听取中央有关部门、全国人大代表、协会、企业以及专家学者对草案的意见。宪法和法律委员会、法制工作委员会还到湖北、重庆进行调研，听取意见；并就草案的有关问题与有关部门交换意见，共同研究。宪法和法律委员会于2019年5月30日、2020年6月12日召开会议，根据常委会组成人员的审议意见和各方面意见，对修正案草案进行了逐条审议。教育科学文化卫生委员会、司法部、国家知识产权局和国家药品监督管理局的负责同志列席了会议。6月23日，宪法和法律委员会召开会议，再次进行了审议。现就专利法修正案（草案）主要问题的修改情况汇报如下：

一、有的地方、部门、单位和专家提出，现行专利法只对产品的整体外观设计给予专利保护，对于产品的局部设计创新未明确给予保护，不利于鼓励设计人积极从事外观设计专利创新，建议增加相关规定。宪法和法律委员会经研究，为鼓励设计行业创新，参照国际通行做法，建议对现行专利法第二条第四款关于外观设计定义的规定进行修改，增加对产品"局部的"外观设计给予专利保护的规定。

二、草案第一条在规定单位可以依法处置其职务发明创造专利的申请权和专利权的基础上，增加规定，单位实行产权激励，采取股权、期权、分红等方式，使发明人或者设计人合理分享创新收益，促进相关发明创造的实施和运用。有的常委会组成人员和地方、部门、专家提出，对于职务发明，单位是否进行产权激励，如何进行产权激励，属于单位自主决策的范围，法律不宜"一刀切"地提出要求。宪法和法律委员会经研究，建议将这些激励性规定作为倡导性规定，对现行专利法第十六条作出修改：国家鼓励被授予专利权的单位实行产权激励，采取股权、期权、分红等方式，使发明人或者设计人合理分享创新收益。

三、有的部门、单位和专家提出，反垄断法对排除、限制竞争的垄断行为，已作了明确规定，滥用专利权排除、限制竞争，构成垄断行为的，应当依据反垄断法进行处理。宪法和法律委员会经研究，建议将草案第二条修改为：滥用专利权，排除或者限制竞争，构成垄断行为的，依照反垄断法处理。

四、有的意见提出，新一轮机构改革后，专利复审委员会已被取消，专利复审申请、宣告专利权无效请求等，改由国家知识产权局作出审查决定，建议对专利法关于专利复审委员会的规定作出修改。宪法和法律委员会经研究，建议删除现行专利法第四十一条中"国务院专利行政部门设立专利复审委员会"的规定，同时将相关条款中的"专利复审委员会"删除，或者修改为"国务院专利行政部门"。

五、有的常委会组成人员和地方、部门提出，专利开放许可期间，专利权人也可以在开放许可之外，通过个别协商的方式作出普通许可，建议在法律中对相关内容予以明确；有的提出，专利权属于民事权利，当事人就实施开放许可发生纠纷的，除依法请求国务院专利行政部门调解外，也可以通过协商、诉讼等方式解决。宪法和法律委员会经研究，建议对草案的相关规定作如下修改：一是增加规定，开放许可期间，"专利权人也可以与被许可人就许可使用费进行协商后给予普通许可"；二是增加规定：当事人就实施开放许可发生纠纷的，"由当事人协商解决"；不愿协商或者协商不成的，可以请求国务院专利行政部门进行调解，"也可以向人民法院起诉"。

六、草案第十七条增加规定了网络专利侵权的处理和网络服务提供者的责任。有的常委委员和地方、部门提出，电子商务法对网络知识产权侵权通知删除规则和相关各方的责任作了详尽的规定，民法典侵权责任编对此也有规定，网络专利侵权处理，可以直接适用上述相关规定，专利法不必再作规定。宪法和法律委员会经研究，建议删去草案第十七条。

七、草案第十八条中规定，专利侵权法定赔偿数额的下限为十万元。有的常委会组成人员和地方、部门、专家提出，实践中相当比例的专利（主要是实用新型和外观设计）市场价值较低，十万元的赔偿数额偏高，对当事人责任过重，建议下调或者取消；有的提出，商标法对商标侵权的法定赔偿没有规定下限，建议衔接。宪法和法律委员会经研究，建议取消专利侵权法定赔偿十万元的下限。

八、落实有关经贸协议，涉及在专利法中对专利保护期补偿和药品专利纠纷早期解决机制问题作出规定。根据国家知识产权局关于专利保护期补偿问题的修改建议，国家药监局关于药品专利纠纷早期解决机制问题的修改建议，以及国家知识产权局关于专利新颖性问题的修改建议，在草案中分别增加了相应规定。

此外，还对草案作了一些文字修改。

修正案草案二次审议稿已按上述意见作了修改，宪法和法律委员会建议提请本次常委会会议继续审议。

修正案草案二次审议稿和以上汇报是否妥当，请审议。

全国人民代表大会宪法和法律委员会
2020 年 6 月 28 日

全国人民代表大会宪法和法律委员会关于《中华人民共和国专利法修正案(草案)》审议结果的报告

全国人民代表大会常务委员会：

常委会第二十次会议对专利法修正案草案进行了再次审议。会后，法制工作委员会在中国人大网全文公布草案二次审议稿征求社会公众意见。宪法和法律委员会、法制工作委员会就草案的有关问题与有关部门交换意见，共同研究。宪法和法律委员会于9月11日召开会议，根据常委会组成人员的审议意见和各方面意见，对草案进行了逐条审议。教科文卫委员会、司法部、国家知识产权局、国家药品监督管理局的有关负责同志列席了会议。9月29日，宪法和法律委员会召开会议，再次进行了审议。宪法和法律委员会认为,为保护专利权人合法权益,促进专利实施和运用,充分激发全社会的创新活力,针对实践中出现的新情况、新问题,对专利法进行修改是必要的;修正案草案经过两次审议修改,已经比较成熟。同时,提出以下主要修改意见:

一、有的常委会组成人员、社会公众提出,为鼓励专利权人自愿实行开放许可,促进专利实施和运用,建议增加关于激励措施的规定,开放许可实施期间,对专利权人缴纳专利年费相应给予减免。宪法和法律委员会经研究,建议采纳这一意见。

二、草案二次审议稿第二十二条规定,国务院专利行政部门可以处理在全国有重大影响的专利侵权案件;对跨区域侵犯同一专利权的案件,可以请求上级管理专利工作的部门处理。有的意见提出,实践中跨省域的专利侵权案件很多,都由国务院专利行政部门处理,能否做得到,建议研究;有的意见提出,国务院专利行政部门作为专利授权确权部门,不宜过多地直接处理具体案件,具体范围限定在"在全国有重大影响的案件"即可。宪法和法律委员会经研究,建议将相关规定修改为:对跨区域侵犯其同一专利权的案件可以请求上级"地方"人民政府管理专利工作的部门处理。

三、有的意见提出,为保护我国专利权相关当事人的合法权益,建议对现行专利法关于保全措施的规定进行完善，明确对于他人实施的妨碍专利权人、利害关系人实现权利的行为，专利权人、利害关系人可以在起诉前申请人民法院采取责令作出一定行为或者禁止作出一定行为的措施。宪法和法律委员会经研究，建议采纳这一意见。

四、为落实有关经贸协议，草案二次审议稿增加了关于药品专利纠纷早期解决机制的相关规定。有些常委会组成人员、社会公众建议，在平衡药品专利权人和仿制药申请人利益的基础上，对相关规定再作研究；有的建议对相关具体规定，如仿制药申请人的通知义务、等待期的设置、生物药是否适用等，进一步予以细化和完善；有的提出，部分规定属于药品审批的内容，不宜在专利法中规定。宪法和法律委员会经研究认为，药品专利纠纷早期解决机制属于新确立的制度机制，涉及药品专利权人和仿制药申请人利益平衡，应当稳妥推进；对于其中涉及专利的法律问题，专利法宜作原则规定、提供必要的法律依据，具体内容可由有关主管部门、司法机关依法予以细化并在实践中不断完善。据此，建议将相关规定整合修改后单列一条，规定："药品上市审评审批过程中，药品上市许可申请人与有关专利权人或者利害关系人，因申请注册的药品相关的专利权产生纠纷的，相关当事人可以向人民法院起诉，请求就申请注册的药品相关技术方案是否落入他人药品专利权保护范围作出判决。

国务院药品监督管理部门在规定的期限内,可以根据人民法院生效裁判作出是否暂停批准相关药品上市的决定。""药品上市许可申请人与有关专利权人或者利害关系人也可以就申请注册的药品相关的专利权纠纷,向国务院专利行政部门请求行政裁决。""国务院药品监督管理部门会同国务院专利行政部门制定药品上市许可审批与药品上市许可申请阶段专利纠纷解决的具体衔接办法,报国务院同意后实施。"

此外,还对草案二次审议稿作了一些文字修改。

9月23日,法制工作委员会召开会议,邀请专家学者、企业、中介机构以及管理专利工作的部门、法院等方面的代表,就修正案草案中主要制度规范的可行性、法律出台时机、法律实施的社会效果和可能出现的问题等进行评估。总的评价是:专利法修正案草案坚持问题导向,针对实践中存在的突出问题,在专利权人合法权益保护、促进专利实施和运用以及完善专利授权确权等方面对相关制度进行了修改完善,符合社会各方面期待,能够较好地满足强化知识产权保护、激励科技创新的需要,总体是可行的。目前法律出台的时机已经成熟,建议尽快审议通过、颁布实施。有的会议代表还对修正案草案提出了一些具体修改意见,宪法和法律委员会进行了认真研究,建议结合常委会审议情况一并考虑。

宪法和法律委员会已按上述意见提出了全国人民代

表大会常务委员会关于修改《中华人民共和国专利法》的决定（草案），建议提请本次常委会会议审议通过。

修改决定草案和以上报告是否妥当，请审议。

全国人民代表大会宪法和法律委员会
2020年10月13日

全国人民代表大会宪法和法律委员会关于《全国人民代表大会常务委员会关于修改〈中华人民共和国专利法〉的决定(草案)》修改意见的报告

全国人民代表大会常务委员会：

　　本次常委会会议于10月13日下午对关于修改专利法的决定草案进行了分组审议。普遍认为，草案已经比较成熟，建议进一步修改后，提请本次常委会会议表决通过。同时，有些常委会组成人员还提出了一些修改意见。宪法和法律委员会于10月14日上午召开会议，逐条研究了常委会组成人员的审议意见，对草案进行了审议。教育科学文化卫生委员会、司法部、国家知识产权局、国家药品监督管理局的有关负责同志列席了会议。宪法和法律委员会认为，草案是可行的，同时，提出以下修改意见：

有的常委会组成人员建议，取消或者降低修改决定草案第二十三条规定的法定赔偿数额五万元的下限。宪法和法律委员会经研究认为，一方面规定法定赔偿数额下限有利于强化对专利权人合法权益的保护，另一方面也要考虑到实践中相当比例专利市场价值较低、侵权人生产经营规模较小的实际情况，经商有关方面，建议将法定赔偿数额的下限调整为三万元。

经与有关部门研究，建议将本决定的施行时间确定为2021年6月1日。

此外，根据常委会组成人员的审议意见，还对修改决定草案作了个别文字修改。

修改决定草案建议表决稿已按上述意见作了修改，宪法和法律委员会建议本次常委会会议审议通过。

修改决定草案建议表决稿和以上报告是否妥当，请审议。

全国人民代表大会宪法和法律委员会
2020年10月16日